Schön, ...

... dich zu sehen!

Wir sind auch mit Abstand KLASSE
Eine Corona-Schulgeschichte

Usch Luhn

Wir sind auch mit Abstand KLASSE

Eine Corona-Schulgeschichte

Mit Bildern
von Franziska Harvey

Die Kinder der Lindgren-Schule

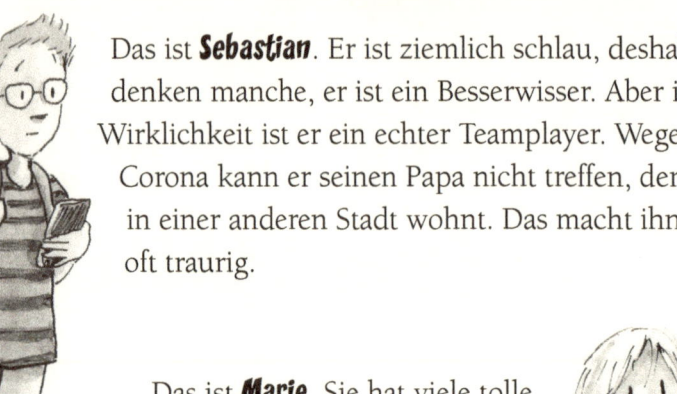

Das ist **Sebastian**. Er ist ziemlich schlau, deshalb denken manche, er ist ein Besserwisser. Aber in Wirklichkeit ist er ein echter Teamplayer. Wegen Corona kann er seinen Papa nicht treffen, der in einer anderen Stadt wohnt. Das macht ihn oft traurig.

Das ist **Marie**. Sie hat viele tolle Ideen und ist immer gut gelaunt.
Aber während Corona ist es ganz schön eng geworden zu Hause und es gab oft Streit mit ihren Geschwistern.

Das ist **Naila**. Sie liebt Schmetterlinge. Außerdem muss sie ständig niesen, weil sie Heuschnupfen hat. Im Moment darf sie ihre Großeltern nicht besuchen. Deshalb hat sie ganz große Kuschelsehnsucht.

Das ist **Laszlo**. Er findet Schule nicht sehr spannend, besonders auf Mathe kann er verzichten. Wenn es nach ihm ginge, dürften die „Corona-Ferien" noch ewig weitergehen.

Das ist **Konrad**. Weil sein Vater der Hausmeister der Schule ist, kennt Konrad dort jede Spinnwebe. Während der Corona-Zeit hatte er die ganze Schule für sich allein. Ohne Lehrer.

Das ist **Frau Hummel**. Sie ist eine tolle Lehrerin, die ihre Schülerinnen und Schüler richtig gernhat. Als die Schule geschlossen war, blieb sie mit ihrer Klasse per Video in Kontakt. Aber sie kann es gar nicht erwarten, alle im Klassenzimmer wiederzusehen.

Liebe Kinder der Lindgren-Schule,
ihr fehlt uns!
Eine Schule ohne Kinder ist doch nur ein unnützer Steinhaufen! Deshalb freuen wir uns riesig auf euch und euren ersten Schultag!
Willkommen zurück! ♥

Inhaltsverzeichnis

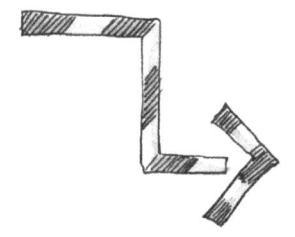

Vielen lieben Dank an Käthe (12 Jahre) und Milo (7 Jahre) für ihre tollen Geschichten.

Willkommen zurück!

Der handgeschriebene Aushang auf dem
Schulhof war schon ganz verblichen.

Liebe Lindgren-Schülerinnen und
-Schüler!
Wir haben es geschafft. Unser
schöner Bolzplatz ist fertig.
Der Förderverein hat zwei neue

**Fußballtore gespendet und
jetzt kann es mit dem Training
weitergehen.
Nur eurer Hartnäckigkeit ist
es zu verdanken, dass wir das
gemeinsam gepackt haben.
Ich freue mich mit euch!
Euer Direktor Erich Habermas**

Die linke obere Heftzwecke war abgegangen
und so flatterte die Nachricht bei jedem
kleinen Windstoß. Ein respektloser Vogel hatte
sich auf dem Zettel verewigt, neben dem
zweiten „a" von Habermas. Mit etwas Fantasie
las man den Nachnamen des Direktors nun wie
Habermaus.
Das war aber nicht der einzige Kommentar auf
dem Aushang. Jemand hatte den Satz *Wir
haben es geschafft* mit einem Edding
durchgestrichen und in dicken Buchstaben

Corona ist voll doof!
darübergeschrieben.

„Voll doof!", murmelte Sebastian
grinsend. „Echt wahr."

Heute war der erste Schultag nach den
„Corona-Ferien" – *Lockdown* nannten die
Erwachsenen diese Zeit. Hörte sich schicker an
und frei hatte man eh nicht.

Am Tag, bevor die Lindgren-Schule
dichtgemacht hatte, war der Bolzplatz fertig
geworden. Nicht mal eingeweiht hatten sie ihn.
Das war richtiger Mist gewesen!

Sebastian schaute sich um. Eine Handvoll
Lehrer wartete auf dem Schulhof. Sie trugen
alle einen Mundschutz, das sollte man ja so
machen, solange das Virus noch durch die Luft
schwirrte. Fast sahen sie ein bisschen nach
Fasching aus, nur nicht so lustig.

Sebastian erkannte Direktor Habermas, weil er
den längsten Bart hatte. Dieser lugte ziemlich

vorwitzig unter seinem grünen Mundschutz hervor.

Ein Stück entfernt stand Miss Brandon, die Englischlehrerin. Sie sah schon eher aus wie kostümiert, denn ihr Mundschutz war knallpink und mit Glitzersteinchen beklebt.

Seine Klassenlehrerin Frau Hummel konnte Sebastian nirgends entdecken und andere Kinder aus seiner Klasse waren auch noch nicht aufgetaucht.

„Ich bin mal wieder der Erste", dachte Sebastian und seufzte. „Wie immer."

Das kam nicht bei all seinen Mitschülern gut an, manche nannten ihn sogar Streber. Aber seine Mutter fuhr sehr früh ins Büro und dann ging auch er los. Im Augenblick arbeitete sie allerdings von zu Hause, *Homeoffice* nannte sich das.

Und genau deshalb war Sebastian heute noch zeitiger dran als sonst.

Er war nämlich überglücklich, dass er endlich aus der Wohnung rauskam.

So eine Erwachsene konnte einen ganz schön stressen, wenn man wochenlang zu zweit in der Wohnung hockte. Auch wenn er seine Mutter natürlich sehr gerne hatte, manchmal half nichts mehr außer Finger in die Ohren stopfen und ins Zimmer abtauchen.

Außerdem waren die „Corona-Ferien" ja leider keine freie Zeit gewesen. Alle Kinder hatten zu Hause weiter lernen müssen, Sebastian mit seiner Mutter als Ersatz-Lehrerin.

Dabei waren sie sich sehr schnell gegenseitig auf die Nerven gegangen. Seine Mutter

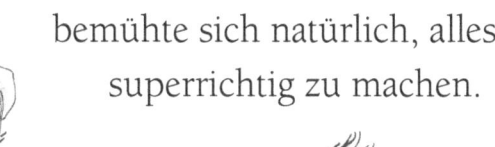 bemühte sich natürlich, alles superrichtig zu machen.

Deshalb guckte sie auch nicht über den winzigsten Fehler hinweg. Und das, obwohl sie selbst ständig Sachen falsch machte und alles ganz anders erklärte als seine Lehrerin.

Oft machte sich seine Mutter noch nebenher Notizen für ihre eigene Arbeit.

Das fand Sebastian wirklich doof.

Wenn er etwas nicht verstand, wurde seine Mutter sehr schnell nervös und sie hatte auch überhaupt keine Geduld.

Frau Hummel erklärte neue Rechenaufgaben sogar fünf- oder zehnmal. Bis es der Letzte kapiert hatte. Seit dem Unterricht zu Hause fand Sebastian seine Lehrerin viel netter als früher. Das hieß ja nicht, dass er seine Mutter nicht mehr leiden konnte. Er mochte nur nicht von ihr unterrichtet werden.

Das war der Job von Frau Hummel.

Einmal pro Woche meldete sich Frau Hummel per Videokonferenz. Sebastian hätte sich vorher nicht vorstellen können, dass er sich einmal so verrückt freuen würde, seine Lehrerin zu sehen.

Aber als Frau Hummel das erste Mal übers Internet auf dem Laptop im Kinderzimmer aufploppte, war er vor Freude herumgehüpft wie ein Flummi. Eigentlich voll peinlich. Aber alle anderen hatten sich genauso gefreut wie er. Deshalb war Sebastian heute echt froh, dass die Schule endlich wieder losging. Wenn auch anders als bisher.

Er kramte einen roten Stift aus seinem Rucksack und schrieb auch was unter den Aushang von Herrn Habermas: *CORONA KANN UNS MAL. SO!*

Das *SO!* unterstrich er dreimal dick.

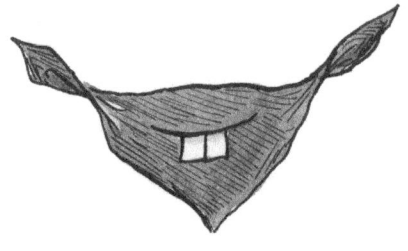

Cool mit Maske

„Hey, Pappnase. Wieder mal als Erster am Start? Kannst es wohl gar nicht erwarten." Konrads Stimme riss Sebastian aus seinen tiefen Gedanken. Eigentlich sollte Konrad mitten im Schuljahr in die Dritte zurückversetzt werden. Aber das Virus brachte alles durcheinander. Er war der Sohn von Hausmeister Klopf und wohnte in der

Anliegerwohnung neben dem Schulgebäude. Weil er stark abstehende Vorderzähne hatte, riefen ihn alle nur Klopfer, wie das Kaninchen aus Bambi. Das hieß aber nicht, dass die anderen sich über ihn lustig machten. Denn Klopfer konnte Karate und nannte sich selbst *König der Schule*. Keiner kannte sich in der Schule so gut aus wie er. Kein Wunder, er wohnte ja praktisch dort und wenn es ihm passte, klaute er seinem Vater den Generalschlüssel und spazierte nachts durch das Schulgebäude wie ein Schlossherr.

Heute Morgen sah Konrad eher aus wie Batman. Er hatte nämlich ein schwarzes Tuch lässig um Mund und Nase gebunden und trug auch eine schwarze Maske über den Augen.

„Hey!", rief Sebastian ihm zu und zeigte auf Konrads Tuch. „Coole Maske. Aber darf man sich denn einfach ein Tuch umbinden?" Er zog die linke Augenbraue hoch und musterte

Konrad kritisch. Waren Mund und Nase
wirklich unter dem Tuch versteckt, so wie es
sein sollte?

Er zupfte an seinem eigenen Mundschutz. Den
hatte seine Mutter selbst genäht, aus einem
alten Kopfkissenbezug mit Spielzeugautos
drauf. Bisher hatte sich Sebastian nicht
daran gestört, aber plötzlich war
ihm das kindische Motiv
peinlich.

„Klar darf man das. Was
glaubst du denn?", antwortete
Konrad empört.

„Ich bin SCC." Er machte eine
Bewegung mit den Händen, als würde er mit
einem Colt in die Luft schießen. Sah ziemlich
albern aus, fand Sebastian.

„SCC?", fragte er trotzdem. „Was heißt das?"
Konrad lachte heiser. „Du kennst SCC nicht?
Das ist echt wieder typisch."

Sebastian überlegte fieberhaft. Seine Mutter hatte ihm die neuen Hygieneregeln für die Schule immer wieder vorgetragen, damit er nichts falsch machte. Er hörte auch jeden Morgen den Kindernachrichten-Podcast zu Corona. Aber nie war der Begriff SCC gefallen.

„SCC, mein Freund, heißt …" Konrad machte eine extra lange Pause, um ihn warten zu lassen. „SCC heißt Supercooles Corona Cid. Das kennt doch jeder …"

In Sebastians Gehirn ratterte es. Englisch war nicht sein Lieblingsfach. Doch eines wusste er sicher – er holte unter seinem Mundschutz tief Luft. „Kid schreibt man aber mit K. Es müsste also SCK heißen. Die Abkürzung kenne ich auch nicht. Gib es zu: Das hast du dir ausgedacht. Angeber."

Ein Spuckefaden mogelte sich unter Konrads schwarzem Tuch hervor. Nicht optimal, dieser Mundschutz.

„Loser", erwiderte Konrad finster. „Du bist bloß neidisch auf mein Outfit." Er ließ Sebastian stehen und lief weg.

Typisch Konrad, dachte Sebastian. Aber ein wenig beneidete er ihn schon um sein Batman-Outfit. Der Junge war einfach immer cool. Das gelang Sebastian selten.

Plötzlich hörte er ohrenbetäubendes Kreischen direkt hinter sich.

Erschrocken fuhr Sebastian herum. Da waren Naila und Marie aus seiner Klasse. Was war denn mit denen los? Die tickten ja komplett aus.

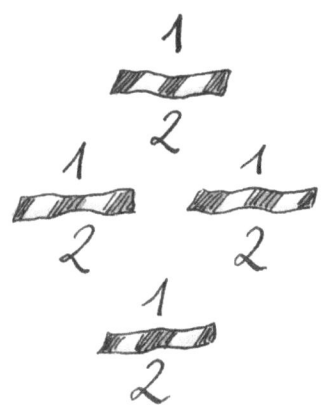

Viele halbe Hälften

„Marie, meine Süße …"
„Nailaaaa! Das wurde aber echt Zeit!"
Endlich wieder Schule, aber Marie wäre fast
nicht rechtzeitig zu Hause losgekommen. Seit
ihr Vater alleine auf sie und ihre zwei
Geschwister aufpasste, ging alles schief.
Anfangs hatte es Marie toll gefunden, dass er
nicht zur Arbeit gehen musste. Erst mit der

Zeit hatte sie kapiert, dass er das nicht freiwillig tat. Er arbeitete in einer Fabrik, in der Autoteile gebaut wurden. Wegen Corona gab es nicht mehr genug Arbeit. Ihr Vater wurde zwar nicht entlassen, aber er musste zu Hause bleiben und bekam weniger Geld. *Kurzarbeit* hieß das. Das passierte gerade in vielen Familien, dass sich die Eltern Sorgen um ihre Arbeit machten. Maries Mutter war Krankenschwester und musste viel länger arbeiten als zuvor, denn in Krankenhäusern wurden jetzt mehr Leute gebraucht. Mehr Geld bekam sie dafür aber nicht. Später, wenn das Virus verschwunden war, sollte sie die Überstunden abbummeln. Aber das konnte dauern.

Maries Vater war also plötzlich oft allein mit ihr und ihren Geschwistern.

Jeden Morgen schrie Nils, der noch nicht wieder in den Kindergarten gehen konnte, so lange, bis er einen Film auf dem Laptop gucken durfte. Gleichzeitig bestand Maries große Schwester Sammy darauf, ihren Schmink-Blog zu posten. Und Marie musste Homeschooling machen.

Ständig gab es Streit um den Laptop. Aber ein zweiter Computer oder ein Tablet waren gerade jetzt viel zu teuer.

Damit ihr Vater nicht ganz durchdrehte, hatte Marie versprochen, sich um das tägliche Frühstück zu kümmern. Denn wenn ihre Mutter von der Nachtschicht im Kranken-

haus kam, wollte sie natürlich in Ruhe
schlafen.

Ausgerechnet heute war der Toaster in Brand
geraten, weil Nils ein Taschentuch für seinen
Teddy toasten wollte.

Marie war also überglücklich, endlich ihre
Freundin Naila wiederzusehen. Sie hatte so viel
zu erzählen! Auf die Schule freute Marie sich
auch. Sie war besonders aufgeregt, weil sie bald
auf Klassenfahrt fahren wollten.

Die beiden Freundinnen stürmten aufeinander
zu, um sich in die Arme zu fallen. Wie hatten
sie sich vermisst!

„Stopp! Marie, Naila. Stopp!"

Die Mädchen blieben wie angewurzelt stehen.
Was war denn jetzt los?

Frau Hummel radelte laut klingelnd auf die

Mädchen zu. Sie trug keinen Mundschutz, sondern ein Gesichtsschild aus durchsichtigem Plexiglas. So konnte man sehen, dass sie ganz außer Atem war.

„Ihr Lieben! Ich verstehe, dass ihr euch freut, aber wir sollen doch versuchen, Abstand zu halten", rief sie schnaufend und stoppte ihr Fahrrad selbst so weit weg, dass sie den Kindern nicht zu nahe kam.

„Auch mit Mundschutz?", fragte Naila enttäuscht. „Ich möchte Marie aber endlich mal wieder knuddeln. Das mache ich mit Mama und Papa auch. Da kann doch nichts passieren." Sie zog ihren Mundschutz unter die Nase.

„Naila, bitte lass den Mundschutz auf, ja?", sagte Frau Hummel. „Das steht doch in den Schulregeln. Auch die Nase muss bedeckt sein. Das habe ich euch ja in dem Video von gestern noch mal erklärt."

Naila nickte. „Aber meine Nase läuft, ich muss

schnauben." Sie zog ein Taschentuch aus der Hosentasche, wendete sich ab und schnäuzte sich.

Frau Hummel runzelte die Stirn. „Bist du erkältet?", fragte sie.

Naila schüttelte ihre langen geflochtenen Zöpfe. „Nee, Frau Hummel. Alles gut. Ich hab Heuschnupfen. Der wird durch den Mundschutz noch viel schlimmer." Sie schaute Frau Hummel so vorwurfsvoll an, als ob sie dafür verantwortlich wäre.

„Ach, Naila", sagte Frau Hummel und lächelte ihre Schülerin liebevoll an. „Ich hoffe sehr, dass wir uns bald wieder nach Herzenslust in den Arm nehmen können. Ich finde das auch gar nicht schön."

Naila nickte. „Oma und Opa sind zu Besuch, aber ich darf nicht zu ihnen. Sie wohnen in der Wohnung über uns, bei Tante Samira. Das ist voll gemein. Aber mein kleiner Bruder hat sich

gestern hinauf-
geschlichen und Oma
und Opa geknuddelt."
Frau Hummel schloss
ihr Fahrrad ab. „Für
ältere Menschen ist das
auch nicht leicht. Die
wollen natürlich gerne
in den Arm genommen

werden. Man kann ihnen aber erklären, dass
man sie nicht knuddelt, gerade *weil* man sie so
liebhat. Man muss sich nämlich nicht immer
krank fühlen, um das Virus
weiterzugeben."
Naila nickte. „Weiß ich alles schon
von Mama. Ich vergess es bloß
immer."
Frau Hummel guckte auf ihre
Armbanduhr. „Es wird Zeit,
dass wir in unsere Klasse

kommen. Ein Teil unserer Gruppe müsste schon drinnen sein, Frau Sonnenberg wollte sich um sie kümmern. Das ist besser, damit wir uns nicht mit den Gruppen der anderen Klassen drängeln müssen."

Marie kannte Frau Sonnenberg noch nicht lange. Sie war eine Studentin, die Lehrerin werden wollte und ein Praktikum machte. Die Klassen waren nämlich halbiert und jede Hälfte hatte wochenweise Schule. Das hatte Frau Hummel auch alles in dem Video erklärt.

In dieser Woche war die erste Hälfte mit zehn Kindern dran. Aber auch diese Hälfte wurde morgens noch mal geteilt, damit nicht alle Kinder gleichzeitig kamen. Für die erste Hälfte der Hälfte war Frau Sonnenberg verantwortlich. Für die zweite Hälfte Frau Hummel. Ganz schön kompliziert. Bei so vielen Hälften rauchte Marie echt der Kopf. Dafür musste man gut rechnen können.

„Ich freue mich jedenfalls riesig, dass ihr alle da seid. Und auf Unterricht in meiner geliebten Klasse!", rief Frau Hummel gerade energiegeladen und ging voran.

Lauter Einbahnstraßen

Frau Hummel führte Marie, Naila, Sebastian
und Konrad zum Schuleingang. Die Kinder
stellten sich in die auf den Boden gemalten
Blumenköpfe. So konnte man sich das mit dem
Abstand gut merken.
„Konrad, Sebastian, Marie, Naila, guten
Morgen, ihr Lieben. Laszlo fehlt noch! Die
anderen fünf sind ja schon oben."

Naila streckte die Hand nach Marie aus und
Marie streckte ihre aus.

„Keine Angst, Frau Hummel, wir tun nur so",
beruhigte Naila die Lehrerin. „Ich stelle mir
vor, wie sich unsere Finger berühren." Sie
schloss die Augen und hielt den Arm
ausgestreckt. „Es funktioniert", rief sie
aufgeregt. „Ich spüre Maries Hand. Frau
Hummel, das ist Magie. Richtige Magie."

Frau Hummel lachte. „Prima, du magische
Naila. Dann lass uns mal magisch schnell ins
Klassenzimmer wandern."

Sie betraten das Schulgebäude.

„Wie lustig sieht es denn hier aus?", rief Marie.
„Wird die Schule renoviert?" Sie zeigte auf die
rot-weißen Flatterbänder, die quer durch die
Eingangshalle gespannt waren. „So können wir
aber keinen Flohmarkt machen", sagte sie.

Im Eingangsbereich der Schule fanden auch
Schullesungen statt oder der Schulchor trat auf

und jeden ersten Samstag im Monat gab es eine
Tauschbörse.

Frau Hummel schüttelte den Kopf. „Flohmarkt
fällt erst mal aus, so viele Leute dürfen nicht
gleichzeitig kommen. Leider. Ich werde euch
jetzt zusammen mit Frau Sonnenberg erklären,
was es mit den Absperrungen auf sich hat. Da
kommt sie ja schon!" Sie zeigte zur Treppe, die
in die Klassenräume führte.

„Hallihallo!" Frau Sonnenberg winkte. Wie
Frau Hummel hatte sie einen Schutzschild aus
Plexiglas vor dem Gesicht.

„Wieso tragen Sie beide denn keinen
Mundschutz aus Stoff?", fragte Sebastian.
„Herr Habermas hat doch auch einen."

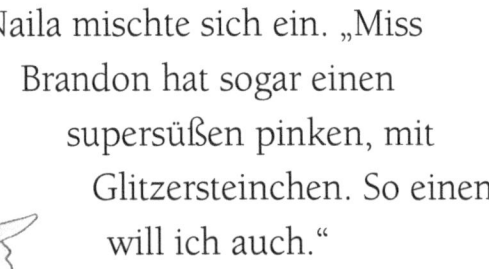

Naila mischte sich ein. „Miss
Brandon hat sogar einen
supersüßen pinken, mit
Glitzersteinchen. So einen
will ich auch."

Frau Sonnenberg nahm Sebastians Frage auf.
„Das haben wir so ausgemacht, damit ihr unsere
Gesichter sehen könnt. Wir können ja nur
ahnen, wie ihr unter eurem Mundschutz guckt."
Konrad lachte. „Stimmt. Wenn ich Ihnen die
Zunge rausstrecke, merken Sie es nicht mal.
Finde ich cool."
Frau Hummel hob den Zeigefinger. „Oh doch,
mein lieber Freund. Es reicht, wenn ich dir in
die Augen sehe, und ich weiß, was du denkst.
Wir zwei müssen uns sowieso noch
unterhalten. Mit dem Tuch über Nase und
Mund bin ich nicht einverstanden.
Ich möchte, dass du
einen normalen
Mundschutz
trägst wie die
anderen Kinder."

Sie grinste. „Ich weiß übrigens, dass du die Lippen vor Ärger gerade fest aufeinanderpresst."

Konrad zuckte resigniert mit den Achseln. „Erwischt", sagte er. „Kann ich so einen coolen Plexischild tragen? Dann sehe ich aus wie die Jedi-Ritter."

Frau Hummel schüttelte energisch den Kopf.

Konrad hob abwehrend die Arme. „Alles paletti, Frau Hummel. Darf ich das Tuch heute noch dranlassen?"

Die Lehrerin seufzte. „Gut. Aber ab morgen sehe ich dich mit einem ordentlichen Mundschutz hier. Sonst schicke ich dich heim." Sie wandte sich ab.

„Ich hab es ja nicht weit", murmelte Konrad hinter ihrem Rücken.

Naila kicherte. Sie fand Konrad cool. Der wusste immer noch Widerworte.

„So, Kinder. Schaut euch um. Wie sieht es hier

aus? Beschreibt es mir mal." Frau Hummel deutete in die Halle.

Naila schnippte mit den Fingern. „Wie auf dem Flughafen. In den letzten Sommerferien sind wir zu meiner Cousine geflogen, da wurde der Weg zur Gepäckabgabe so abgesperrt. Flaschen durften wir auch keine mitnehmen."

Frau Hummel nickte. „Du gibst mir ein Stichwort, Naila. Bitte benutzt nur eure eigenen Trinkflaschen. Nicht vom Nachbarn oder der Nachbarin trinken."

Naila stampfte genervt auf. „Ach Mist, Frau Hummel. Alles ist verboten. Maries Mama macht immer so leckere Zitronenlimonade. Die darf ich doch sonst auch mittrinken."

Marie schüttelte den Kopf. „Kannst du eh vergessen, Naila. Papa macht ja jetzt mein

Pausenbrot, Mama muss
arbeiten. In meiner Flasche ist
nur labbriger Pfefferminztee."
Frau Hummel klatschte in die
Hände. „So, Kinder. Wir
wollen heute noch mal in der
Klasse landen. Guckt euch die abgetrennten
Wege genau an. Einer führt in unsere Klasse.
Wer entdeckt den Hinweis?"
Konrad zeigte mit der Fußspitze auf einen
aufgemalten Pfeil.
„Wir sollen dem Pfeil folgen und die Einbahn
nicht verlassen. Am besten hintereinander.
Einbahn heißt, dass uns keiner
entgegenkommt. Wenn wir wieder rausgehen,
laufen wir in der Einbahn daneben. In die
entgegengesetzte Richtung", leierte er runter
und holte dann tief Luft.
„Super, Konrad", lobte Frau Sonnenberg ihn.
„Ausgezeichnet erklärt."

36

Sebastian rollte mit den Augen. „Ist ja babyleicht. Bestimmt hat sein Vater die Einbahnen gebaut und alles aufgeklebt. Herr Klopf ist schließlich der Hausmeister."

Für einen Moment sah es aus, als wolle Konrad Sebastian schubsen. Aber als er den warnenden Blick von Frau Hummel auffing, ließ er es lieber sein.

Sebastian lachte schadenfroh. „Voll Pech, Klopfer. Jetzt kannst du mich gar nicht in den Schwitzkasten nehmen."

Konrad ballte die Fäuste. „Wart's ab, Streber. Das bescheuerte Virus bleibt ja nicht ein ganzes Leben in der Luft."

Die beiden Jungen standen sich wie Kampfhähne gegenüber, aber mit genügend Abstand.

Frau Hummel schaute schon wieder auf ihre Uhr. „Los, Kinder. Nach oben in unsere Klasse." Und zu Frau Sonnenberg sagte sie:

„Wenn Laszlo in der nächsten Viertelstunde nicht in der Klasse auftaucht, gehen Sie bitte ins Sekretariat und rufen bei ihm zu Hause an. Wir müssen wissen, was da los ist."

Die Truppe lief im Gänsemarsch auf der Einbahnstraße die Treppen hinauf zu den Klassenräumen.

„Frau Hummel, Sie brauchen noch eine Tafel, die Sie hochhalten, auf der unsere Klasse steht", rief Naila und kicherte. „Als wir mal in Ägypten waren, hat die Reiseführerin das auch so gemacht." Alle lachten.

„Ägypten ist cool", sagte Sebastian. „Mein Papa und ich fahren in den nächsten

Ferien dorthin. Dann reiten wir auf Kamelen
zu den Pyramiden und tauchen mit Delfinen."
Auch wenn man seinen Mund nicht sehen
konnte, wussten alle, dass er bei der
Vorstellung über das ganze Gesicht strahlte.
Corona war nämlich nicht nur blöd, weil
er Schule zu Hause gehabt hatte.
Sebastian hatte auch
seinen Vater seit Monaten
nicht mehr gesehen.

Normalerweise trafen sich die beiden jedes zweite Wochenende.

Oft fuhr Sebastian ganz allein mit dem Zug zu seinem Vater, denn der war nach der Scheidung in eine andere Stadt gezogen. Seitdem das Virus das ganze Leben auf den Kopf gestellt hatte, war Sebastian kein einziges Mal bei ihm gewesen und sie sprachen nur mal am Telefon. Jetzt hatte er seit über einer Woche nichts von seinem Papa gehört. Das machte ihn mehr als traurig.

„Alter, träum weiter", sagte Konrad. „Wir wollten nach Spanien fahren, ein paar coole Freizeitparks abklappern. Aber das kannst du vergessen. Wir haben einen Brief gekriegt, in dem die Reise storniert wurde. Wegen Corona. Nach Ägypten fliegen ist gerade auch nicht drin."

Sebastian guckte finster. „Aber mein Papa hat es mir versprochen."

Konrad schüttelte den Kopf. „Und was nützt das? Momentan kannst du nur zum Mond fliegen, dort ist es schön leer. Ich wette, dein Pa hatte noch gar nicht gebucht. Meine Mutter sagt, wir machen Ferien auf Balkonien. Sie hat schon so einen Relax-Stuhl gekauft."

Marie guckte Sebastian mitleidig an. „Hey, sei nicht traurig. Ihr könnt doch auch zu Hause was Schönes machen. Angeln oder so. Und die Museen öffnen gerade wieder. Im Ägyptischen Museum gibt es eine neue Mumie, hab ich im Internet gesehen. Voll gruselig."

Mittlerweile standen sie vor dem Klassenzimmer. Frau Hummel klatschte in die Hände. „So, wenn wir reinkommen, bitte die ersten zwei

Kinder zu den Waschbecken, Hände gründlich
waschen. Ihr kennt das bereits von zu Hause.
Für jeden hängt ein Handtuch mit
Namensschild bereit."

„Frau Hummel, ich habe noch eine Frage!", rief
Naila. „Wann geht es denn mit der Klassenfahrt
los?" Sie guckte ihre Lehrerin erwartungsvoll
an.

Frau Hummel seufzte. „Nicht alles auf einmal,
Naila. Wie es mit unserer Fahrt weitergeht,
besprechen wir in Ruhe."

So viele Regeln ...

„Fabelhaft, Kinder! Endlich sind wir wieder alle
beisammen", rief Frau Hummel in die Klasse.
„Alle nicht, nur die Hälfte", verbesserte sie
Marie.
„Bitte zum Händewaschen", rief Frau
Sonnenberg. Marie und Naila gingen als Erste
ans Waschbecken. Eine junge Frau mit
Mundschutz, die bisher an der Seite gestanden

hatte, kam nach vorne. „Hallo", sagte sie zu den vier Kindern, die Frau Hummel mitgebracht hatte. „Ich bin Frau Müller und ich werde in den nächsten Wochen auch hier mithelfen."

Konrad stöhnte. „Tauchen noch mehr Lehrer auf? Bald hat jeder Schüler seinen eigenen Bodyguard, echt anstrengend."

Frau Müller lachte. Dabei zog sich ihr Mundschutz in die Mundhöhle und sie sah ein wenig aus wie ein Karpfen. „Ich bin nur eine Schulhelferin."

Konrad drehte den Daumen nach oben. „Cool, Sie sagen uns die Hausaufgaben vor."

Da griff Frau Sonnenberg ein. „Konrad, Sebastian, jetzt wascht ihr bitte die Hände. Frau Müller passt auf, dass ihr das richtig macht, und geht mit euch zur Toilette. Es soll nämlich nur ein Kind in die Toilettenräume, weil es dort recht eng ist. Sie kümmert sich außerdem darum, dass ihr die Schulregeln nicht vergesst, auch in den Pausen. Es ist ja alles neu für euch und für uns."

Naila und Marie waren mit dem Händewaschen fertig und wollten zu ihren Plätzen gehen. „Wo ist unser Tisch?", beschwerte sich Naila. „Warum sitze ich nicht vorne am Pult?" In der ersten Reihe vorne links saßen eigentlich Naila und Marie. Jetzt schaute Naila sich um. Mia, Sven, Luan, Jan und Feliza waren schon in der Klasse. Luan winkte ihr.

„Die Sitzordnung ist ganz neu, Naila", sagte Frau Hummel. „Wir sind ja nur zehn. Jedes Kind hat seinen eigenen Tisch und keinen Nachbarn. Das wird in den nächsten Wochen so bleiben. Auf den Tischen stehen kleine Tafeln mit euren Namen."

Aus Nailas Augen tropften plötzlich Tränen. „Aber ich will nicht alleine sitzen und ich will vorne sitzen, neben Marie. Wie immer", heulte sie los. Gleichzeitig begann sie heftig zu niesen. Ihr Mundschutz verrutschte und ihre Nase lief.

„Frau Müller, würden Sie mit Naila rausgehen, damit sie sich in Ruhe die Nase schnauben kann? Und dann erklären Sie ihr noch mal den Grund für die Sitzordnung." Frau Hummel wirkte etwas ratlos.

„Alles gut. Heute ist es natürlich ein wenig chaotisch, bis die Kinder die Regeln verstanden haben", sagte Frau Sonnenberg.

Marie sah, wie Frau Sonnenberg ihrer Lehrerin beruhigend die Hand auf den Arm legte.

„Nicht anfassen, Frau Sonnenberg!", rief Marie.

„Abstand halten", riefen ein paar andere Kinder gleichzeitig.

Frau Sonnenberg zuckte zurück. „Tut mir leid", sagte sie. „Ich wollte Frau Hummel trösten, da habe ich es einfach vergessen." Sie hob schuldbewusst die Schultern.

„Da seht ihr, Kinder, wie schnell man die Regeln vergisst. Das passiert uns Erwachsenen auch", erklärte Frau Hummel.

„Leute, wie cool", lachte Konrad los. „Die Lehrerinnen kennen ihre eigenen Regeln nicht. Frau Sonnenberg, Sie müssen den Satz *Ich soll Frau Hummel nicht berühren* 20-mal an die Tafel schreiben." Er haute sich auf die Schenkel. Die Kinder in der Klasse lachten ausgelassen.

Bienen zum Geburtstag

Marie sah zur Tür des Klassenraumes. Gerade, als sie ihre Lehrerin fragen wollte, was denn nun mit Laszlo sei, ging die Tür auf und Naila stürmte rein.

„Alles wieder paletti", rief sie. „Ratet mal, wer gerade kommt!" Sie ließ die Tür offen.

„Laszlo!", sagte Frau Hummel erfreut. „Schön. Wir haben uns schon Sorgen gemacht."

Doch als Laszlo den Raum betrat und allen zuwinkte, ging Frau Hummels Begrüßung im Lachen und Rufen der Kinder unter. Konrads bester Freund trug nicht nur einen Mundschutz, sondern er hatte auch eine Krone mit der Zahl 9 auf dem Kopf.

Und er war nicht allein gekommen. Seine große Schwester Darinka schob ihn vor sich her in die Klasse. Sie hielt ein rundes Plastikgefäß in der Hand.

Sieht aus wie eine Kuchenform, dachte Konrad hungrig und leckte sich die Lippen.

„Laszlo! Mein Junge!", rief Frau Hummel aufgeregt. „Du hast ja heute Geburtstag. Es tut mir so leid. Ich hab nicht auf die Geburtstagsliste geguckt."

Eigentlich feierte die Klasse immer gemeinsam Geburtstag. Dafür schmückte Frau Hummel am Nachmittag vorher den Raum und kaufte aus der Klassenkasse ein kleines Geschenk.

Laszlo tat Marie sofort leid. Geburtstag haben bei Corona war bestimmt total doof!

„Dann singen wir jetzt einfach mal los", rief sie und begann mit lauter Stimme das Geburtstagsständchen.

„Halt!", rief Frau Sonnenberg. „Leider verbieten die Schulregeln im Augenblick auch das Singen, weil wir dabei so viel Spucke verlieren", erklärte sie. „Deshalb fallen ja die Schulchorproben aus."

Marie klappte den Mund zu und sah entsetzt Naila an. Was war denn noch alles verboten?

Laszlo guckte schon ganz traurig.

Naila grübelte ein wenig. „Ich weiß was", rief sie dann. „Wir könnten die Melodie doch summen. Dann bleibt unsere Spucke im Mund."

Naila konnte sehen, dass Frau Hummel zögerte.

„Bitte, bitte", bettelte Marie.

„Ja, bitte, Frau Hummel", riefen die anderen Kinder.

„Frau Hummel, Frau Sonnenberg, sagen Sie JA." Ein paar Kinder fingen einfach mit dem Summen an.

„Ich finde, das kann man machen", sagte Frau Müller ihre Meinung.

Frau Hummel und Frau Sonnenberg nickten.

„Hmmhmmmhmmmmh …" Wie ein wilder Bienenschwarm hörte sich das an, wie alle zusammen summten. Wirklich sehr lustig. Laszlo hatte zwar seine Maske auf, aber man konnte ihn trotzdem grinsen sehen.

„Und jetzt gibt es Kuchen für alle!", rief Laszlos Schwester. „Ich habe Erdbeertorte mit Vanillepudding-Creme gebacken und Papierteller und Gabeln mit. Jetzt brauche ich nur noch einen Tisch, damit ich die Stücke verteilen kann."

„Lecker!", riefen die Kinder im Chor.

„O weh", sagte Frau Hummel. „Jetzt muss ich schon wieder eine Spaßbremse sein. Liebe Frau Zdela ...", so hieß Laszlos Schwester mit Nachnamen, „... auch das ist im Moment in unserer Schule nicht erlaubt."

Darinka Zdela runzelte die Stirn. „Aber das ist doch Unsinn. Ich habe ja nicht in den Kuchen gespuckt", sagte sie ungehalten.

Sebastian mischte sich ein. „Frau Hummel hat recht. Meine Mutter hat mir den Elternbrief vorgelesen. Darin stand, dass mitgebrachter Kuchen einzeln verpackt sein muss."

Naila sprang ab. „Diese doofen Regeln. Darinka kann doch Plastik-Handschuhe anziehen. Manno, ich will sofort Kuchen."

Frau Hummel schaffte es kaum, sich bemerkbar zu machen. Alle Kinder forderten empört den Kuchen. „Sebastian hat recht", rief sie laut. „Essen mitbringen momentan nur nach Absprache."

Laszlos Schwester guckte bedröppelt. „Das habe ich nicht gewusst", sagte sie. „Es tut mir leid, dass ich Sie angemeckert habe. Ich bin nur enttäuscht."

Frau Hummel seufzte. „Schon gut, Frau Zdela, ich glaube, wir sind alle traurig. Der Kuchen schmeckt sicher großartig. Kümmern Sie sich gerade um Laszlo?"

Darinka nickte. „Ja, mein Vater hat sehr viel Arbeit mit seinem Architekturbüro, er macht rund um die Uhr Homeoffice. Deshalb wohne ich gerade bei Laszlo und meinem Vater."

Laszlo drehte den Daumen hoch. „Und das ist megacool. Darinka kocht mir jeden Tag mein Lieblingsessen und ich muss erst um zehn aufstehen. Heute zum ersten Mal wieder um halb acht, voll ätzend. Von mir aus kann das so bleiben. Ich lerne lieber zu Hause."

Darinka guckte verlegen. „Dann nehme ich den Kuchen wieder mit. Papa wird sich freuen."

„Bockmist. Papa ist ein Kuchenmonster",
maulte Laszlo. Er guckte sich um.
„Wo ist denn mein Platz?" Er
wanderte suchend herum.
„Auf dem Tisch in der
Mitte steht dein Name",
half ihm Sebastian.
Laszlo ließ sich auf seinen Stuhl
fallen. „Blöder Platz, blöder
Geburtstag", murmelte er. Er
riss die Krone vom Kopf und warf sie weg.
Frau Hummel sah auch traurig aus. Sie wandte
sich seiner Schwester zu. „Danke für Ihr
Verständnis. Aber wir holen die Feier nach, das
verspreche ich."
Darinka warf ihrem Bruder eine Kusshand zu.
„Tschüss, Kleiner." Sie zögerte. „Darf ich denn
beim Bäcker noch ein paar Marzipanherzen
kaufen und herbringen? Die sind einzeln in
Papiertüten verpackt."

Laszlo starrte seine Schwester an. Er konnte nicht glauben, was sie da sagte. Marzipanherzen. Wie peinlich! Er rutschte, so tief es ging, unter seinen Tisch.

Frau Hummel nickte. „Ja, da können wir ein Auge zudrücken. Aber bitte geben Sie die im Sekretariat ab. Angehörige sollen momentan nicht durch das Schulgebäude zu den Klassen zu laufen. Steht auch in dem Elternbrief." Sie lächelte freundlich.

Konrad wieherte los. „Marzipanherzen für Laszlo, alter Falter. Dieses Corona ist ja echt total crazy."

Mathe-Gymnastik

Am ersten Tag hatten sie kaum normalen
Unterricht, weil Frau Hummel immer wieder
Regeln erklären musste. Als Marie mal aufs Klo
wollte, fanden sie und Frau Müller fast den
Weg zurück nicht, weil es so viele
Einbahnstraßen gab. Und nach wenigen
Stunden war der Schultag auch schon wieder
vorbei gewesen.

Doch am nächsten Morgen machte Frau Hummel ernst. Sie versammelte die halbe Klasse auf dem Schulhof. Aber nicht etwa zum Sportunterricht, nein, sie machten Mathe-Gymnastik!

Wie ein wilder Brummer fegte sie vor ihrer geschrumpften Klasse hin und her und stellte Kopfrechen-Aufgaben.

„Wetten, ihr seid zu Hause zu richtigen Sesselpupsern geworden?", rief sie vergnügt.

„Wird höchste Zeit, dass unsere müden Knochen mal wieder geschmiert werden."

Die erste Aufgabe, die Frau Hummel stellte, war eine einfache Plus- und Minusrechnung.

„Fünfzehn!", rief Sebastian.

„Ausgezeichnet!", antwortete Frau Hummel.

„Dann wackle bitte fünfzehnmal mit dem Po hin und her, damit wir die Antwort alle sehen können."

Sebastian wurde knallrot, man sah es bis zu

seiner Stirn, denn selbst die wechselte die Farbe. „Eins, zwei, drei, vier, fünf …", zählten alle bis fünfzehn mit und klatschten begeistert Beifall.

„Prima und nun wackeln alle, die die Lösung nicht so schnell hatten, doppelt so oft mit dem Po. Wie viel macht das?"

„Dreißig!", riefen Sven und Jan. Alle außer Sebastian wackelten mit ihrem Po. Jetzt hatte Sebastian was zu lachen.

Bereits nach wenigen Minuten rauchte Laszlo der Kopf. Nicht vom Wackeln und von den anderen lustigen Übungen, die sich Frau Hummel einfallen ließ. Zahlen waren überhaupt nicht seine Welt. Die Mathe-Übungen hatte er zu Hause immer lieber weggelassen.

Nachdem er dreimal mit Frau Müller zur Toilette gewandert war, wurde Frau Hummel auf ihn aufmerksam.

„Was ist mit dir, Laszlo? Hast du gestern zu viel Kuchen gegessen? Mal eine Rechnung aus dem 9er-Einmaleins. Wie viel ist vier mal neun?", fragte Frau Hummel.

Laszlo dachte nach. „Hm, vier mal neun", wiederholte er. „Das ist schwierig."

Frau Hummel nickte. „Das glaube ich. Deswegen müsst ihr das ja auch zu Hause üben! Hüpf mal den Hampelmann, weißt du, wie das geht? Die Gedanken durchrütteln."

Konrad bekam einen Lachanfall und Marie lachte auch.

„Ihr beide dürft gerne mithampeln", sagte Frau Hummel. „Besonders du, Konrad, überleg dir die Lösung mit deinem Freund."

Naila rief: „Ich will mitmachen."

Auch alle anderen hampelten los. Sogar Frau Sonnenberg und Frau Müller hüpften mit.

„Vier mal neun ist sechsunddreißig", keuchte Laszlo schließlich.

„Hey, Frau Hummel. Coole Sache, Laszlo hat die Lösung rausgerüttelt", rief Konrad begeistert.

Naila kicherte. „Die vielen Zahlen kitzeln mich in der Nase, Frau Hummel." Sie nieste mehrmals.

Frau Hummel guckte besorgt. „Naila, dein Heuschnupfen macht mir Sorgen, es ist nicht gut, wenn du so in der Gegend herumtrompetest."

Sie schaute auf die Uhr. „Wir machen jetzt drinnen Frühstückspause." Die Kinder setzten ihren Mundschutz auf und kehrten hintereinander zurück in die Klasse. Das

klappte schon perfekt. Jedes Kind wusch sich
die Hände, ging an seinen Platz und holte sein
Frühstück hervor.

„Wer erklärt uns, wie wir frühstücken?", fragte
Frau Hummel.

Marie meldete sich. „Wir nehmen unseren
Mundschutz ab und dürfen Frühstück und
Getränke nicht tauschen."

„Sehr gut", lobte sie Frau Hummel. „Ich gehe
kurz hinunter ins Sekretariat, bin gleich wieder
da."

Glücklich riss Konrad seine Maske ab. „Boah,
endlich kommt der Lappen runter. Ich bin
schon fast erstickt."

Die anderen Kinder machten es ihm nach, auch Naila, deren Nase tropfte wie ein kaputter Wasserhahn.

Wenige Minuten später kam Frau Hummel wieder zurück. Sie brachte die eingepackten Leckereien von Laszlos Schwester mit, die diese gestern Mittag noch in der Schule abgegeben hatte, und verteilte sie.

„Marzipanherzen!", quietschte Naila begeistert. „Lecker." Hungrig riss sie die Verpackung auf und stopfte sich die Süßigkeit in den Mund. Als Frau Hummel nicht guckte, benutzte sie ihren Mundschutz einfach als Serviette.

„Hey, das darfst du nicht", flüsterte Marie.

Naila zuckte mit den Achseln. „Egal. Kommt sowieso in die Wäsche."

Frau Sonnenberg spendierte Zitronenlimonade in kleinen Flaschen und Frau Müller schenkte Laszlo ein Abenteuerbuch.

„Ist das toll", rief Laszlo glücklich. „Jetzt feiern
wir doch noch eine richtige Party."

„Liebe Kinder, es gibt eine sehr gute
Neuigkeit", sagte Frau Hummel und
wedelte mit einem Blatt Papier.

„Schon wieder eine neue Regel.
Aber eine gute. Wir dürfen den
Mundschutz im Unterricht
ablassen."

Jubel brach aus. „Jippieh", rief Laszlo und warf
seine Maske in die Luft.

„Stopp, stopp!", wies ihn Frau Hummel
zurecht. „Die Masken bleiben auf dem Tisch
liegen und werden nicht durch die Luft
gewirbelt und mögliche Viren gleich mit. Und
wir machen für ein paar Minuten die Fenster
weit auf, damit wir frische Luft bekommen.
Das ist jetzt besonders wichtig."

Sie ging an die Tafel. „Ich fasse unsere
wichtigsten Schulregeln zusammen, damit

niemand von euch sie vergisst. Schreibt sie bitte in das Mitteilungsheft."

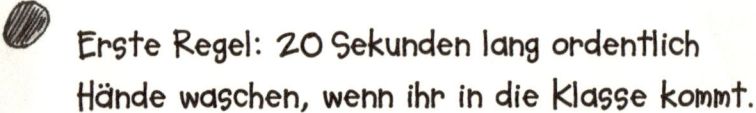

Erste Regel: 20 Sekunden lang ordentlich Hände waschen, wenn ihr in die Klasse kommt.

Zweite Regel: Niesen und Husten immer in ein Taschentuch oder in die Armbeuge. So werden weniger Viren verteilt.

Dritte Regel: Kein Knuddeln und keine Umarmungen (leider).

Vierte Regel: Auf dem Schulhof und im Treppenhaus an den Abstand denken.

Fünfte Regel: Essen und Getränke bitte nicht tauschen.

Sechste Regel: Trotz all der Regeln die gute Laune nicht vergessen!
GANZ WICHTIG

„Frau Hummel, wann weihen wir den Bolzplatz ein?", fragte Laszlo. „Ich hab einen neuen Fußball mit."

Frau Hummel schüttelte den Kopf. „Erst einmal nicht. Ich weiß, dass es euch unter den Fußsohlen brennt, darauf zu spielen. Mannschaftsspiele sind aber bei uns noch nicht erlaubt. Doch die Zeiten werden sich bald wieder ändern."

Naila schob die Unterlippe vor. „Manno, Frau Hummel. Dieses Corona ist doof. Ich habe meine Eltern gerade überredet, dass ich Fußballschuhe kriege. Mist. Wie lange dauert das denn noch?"

Frau Hummel zuckte mit den Schultern. „Ich weiß es auch nicht."

Marie meldete sich. „Meine Mama sagt, wenn sich alle an die Regeln halten, stecken sich weniger Leute an. So kriegen wir das Virus in den Griff."

Frau Hummel nickte. „Da hat sie recht.
Wichtig ist auch Regel Nummer Sechs: Wir
sollen Spaß haben. Also machen wir mal eine
kleine Deutsch-Übung."

Konrad stöhnte. „Deutsch macht mir aber
keinen Spaß."

Frau Hummel lachte. „Warte es ab!
Miteinander sprechen hilft, den anderen besser
zu verstehen. Und davon kriegt man gute
Laune. Jede und jeder von euch schreibt mal
zwei Wörter auf, von denen er findet, dass sie
besonders gut in die Corona-Zeit passen."

Zehn enttäuschte Kinderaugenpaare starrten
Frau Hummel an. „Frau Hummel macht
bestimmt einen Scherz. Können wir nicht
einen Film gucken?", rief Konrad.

Doch die Lehrerin meinte es ernst. „Nehmt
eure Hefte heraus", sagte sie ruhig.

Eine Weile war es still im Klassenraum und
Frau Sonnenberg schloss die Fenster wieder.

Marie kaute auf ihrem Stift rum, Jan tippte mit dem Finger auf seinen Tisch, Laszlo dachte angestrengt nach und Naila schrieb ein Wort auf und strich es dann wieder durch.

„Sebastian liest als Erster vor", sagte Frau Hummel schließlich.

„Ich habe nur ein Wort", sagte er zögernd. „*Traurig.*"

Frau Hummel nickte freundlich.

„Magst du uns verraten, warum?"

Sebastian holte tief Luft.

„Ich weiß es", rief Konrad, gerade als Sebastian etwas sagen wollte. „Weil er nicht strebern konnte allein zu Hause."

Sebastian sah ihn wütend an. „Du bist so bescheuert", sagte er aus tiefstem Herzen.

„So geht das gar nicht", sagte Frau Hummel streng. „Konrad, wenn du andere Kinder beleidigst, schicke ich *dich* nach Hause. Du sagtest es schon: Du hast es ja nicht weit."

Jetzt guckte Konrad bedröppelt.

„Also, bitte, Sebastian", sagte Frau Hummel.

„Ich kann meinen Vater nicht treffen", flüsterte er. „Das macht mich voll traurig. Ich hab das Gefühl, ich seh ihn nie wieder."

Da lachte niemand mehr und Mia rief: „Jetzt bin ich auch traurig." Sebastian lächelte sie dankbar an.

„Nun du, Marie", sagte Frau Hummel.

„*Voll genervt* und *Angst*", las sie vor und sie erklärte ihre Wörter auch gleich.

„Mein Vater macht Kurzarbeit und wenn er seine Arbeit verliert, haben wir nicht mehr genug Geld und er muss unser Auto verkaufen, das macht mir Angst. Genervt bin ich von meinen Geschwistern, die bringen mich jeden Tag zum Ausrasten."

Frau Hummel nickte und nahm dann Luan

dran. „*Langeweile!*", rief er laut. Mia hatte
Basteln aufgeschrieben und Feliza *Telefonieren*.
Laszlo trommelte ungeduldig auf den Tisch.
„Jetzt ich!", rief er. „*Schlaraffenland* und
Glückspilz." Er genoss die verwunderten
Ausrufe seiner Mitschüler. „Seit
Corona wohnt meine Schwester
bei uns und verwöhnt mich
göttlich. Und Papa hat so viel
Arbeit mit seiner Firma zu Hause,
dass er gar nicht mehr an mir
rummeckert."
Jetzt musste sogar Frau Hummel lachen.
„Scheint, du hast das große Los gezogen."
Sie schaute Naila an. „Und was steht auf
deinem Blatt, Naila?"
Naila nieste erst mal, bevor sie
antwortete. „Ich hab auch nur
ein Wort, ein superlanges.
Knuddelsehnsucht."

Konrad grinste. „Wer will dich knuddeln?"
Naila schickte ihm einen bösen Blick. „Ich
möchte Oma und Opa so gerne wieder
knuddeln, wir knuddeln sonst ganz oft. Und
Marie soll ich auch nicht knuddeln, hat Frau
Hummel gesagt. Alles blöd."

Konrad mischte sich
ungeduldig ein. „Du bist
doch kein Baby mehr. Ich
hab *Chefsache* und *Schlafen*
aufgeschrieben. Corona ist gut,
weil ich endlich mal ausschlafen
kann. Sonst muss ich immer mit meinem Vater
aufstehen und den Schulhof fegen, bevor der
Unterricht anfängt. Ist doch gar nicht mein
Job. Und *Chefsache*, weil ich die Schule ganz
für mich alleine hatte, bevor ihr wieder
aufgetaucht seid. Ich konnte mir supergut
einbilden, dass ich hier der Chef bin. Oder
noch besser, der König der Schule."

Er drehte den Daumen hoch. „Echt ein cooles Gefühl war das. Wie Urlaub."

Marie guckte nachdenklich. „Schon krass, dass die Zeit für jeden so anders war. Wenn ich ein Wort für *jetzt* sagen sollte, wäre das *FROH*. Froh, dass ich alle wiedersehen darf und es fast so ist wie früher." Sie kicherte. „Also, Frau Hummel ist genauso streng und wir sind genauso frech wie früher. Das finde ich schön, weil es schön normal ist. Auch wenn viele andere Sachen noch nicht wieder schön sind." Sie seufzte.

Naila knipste mit den Fingern. „Puh, mir schwirrt der Kopf vor lauter schön, aber ich finde, Marie hat das schön gesagt."

Sebastian nickte. „Irre, dass wir in letzter Zeit so unterschiedliche Leben geführt haben. Gut, dass wir bald alle zusammen auf Klassenfahrt fahren!"

Laszlo stieß einen Juchzer aus. „Genau, Frau Hummel! Jetzt verraten Sie doch endlich: Wann gehen wir auf Klassenfahrt?"

Tschüss, Klassenfahrt

Frau Hummel holte tief Luft. „Liebe Kinder,
das ist jetzt natürlich eine besonders traurige
Nachricht. Aber alle Klassenfahrten müssen bis
auf Weiteres ausfallen, sagt die Schulbehörde."
Für einen Moment war es totenstill in der
Klasse.
„Das ist aber wieder ein Scherz, oder?", fragte
Naila mit ganz leiser Stimme. Ein paar Tränen

purzelten über ihre Wangen und sie schniefte leise.

Frau Hummel seufzte. „Nein, leider nicht. Ich bin nur froh, dass wir noch nichts bezahlt haben. Aber die Leute im Naturkundemuseum sind sehr nett. Sie haben mich gestern angerufen und wir konnten alles regeln."

Sebastian schüttelte verzweifelt den Kopf. „Aber was ist denn daran so gefährlich, ins Museum zu gehen? Die haben doch schon wieder geöffnet. Und wenn wir dort übernachten, können wir die Schlafsäcke weit auseinanderlegen. Wir haben das drauf mit dem Abstand!"

Konrad schrie wütend dazwischen. „Das ist doch alles eine doofe Ausrede, die Erwachsenen gönnen uns keinen Spaß. Einfach alles absagen, wirklich toll. Ich bin stinksauer!" Er trommelte wütend mit den Fäusten auf den Tisch.

Frau Hummel runzelte die Stirn. Bevor sie etwas sagen konnte, mischte sich Frau Sonnenberg ein. „Konrad, das ist etwas ungerecht von dir. Ich hatte mich auf meine allererste Klassenfahrt auch sehr gefreut. Lasst uns das Beste daraus machen und im nächsten Schuljahr fahren."

Laszlo schüttelte den Kopf. „Das wird ja doch nichts. Dann muss Schulstoff nachgeholt werden oder das Museum ist ausgebucht. Der Termin dort hat nur geklappt, weil mein Vater die Chefin vom Museum kennt."

Frau Hummel nickte. „Das weiß ich, Laszlo. Aber *alle* Eltern sind einer Meinung. Die Klassenfahrt fällt aus. Und jetzt hört bitte mit dem Meckern auf. Mir fällt es auch nicht leicht, euch ständig schlechte Nachrichten auszurichten." Plötzlich sah Frau Hummel sehr müde und gestresst aus.

Konrad war noch nicht versöhnt. „Nur in die

Schule gehen dürfen wir. Das ist langweilig! Können wir nicht wenigstens für den Ausflug so tun, als wäre alles normal?"

Marie sah ihn grübelnd an. „Konrad, du bringst mich auf eine Idee!", rief sie und sprang auf. „Wir tun einfach so, als würden wir auf Klassenfahrt fahren. Hier in der Schule! Dagegen kann doch niemand etwas haben."

„Und wie soll das gehen?", murrte Konrad.

Da war auch Marie überfragt.

Doch Sebastian war plötzlich ganz aufgeregt. „Wir denken uns das Museum selber aus! Wir bauen einen Dino oder eine coole Mumie …"

Laszlo rief laut dazwischen: „Ja, und vielleicht dürfen wir sogar auf dem Bolzplatz übernachten. In Zelten natürlich. Und mit der anderen Klassenhälfte machen Sie dann, worauf die Lust haben."

Konrad riss die Arme hoch. „Yeah. Das ist die coolste Sache, die ich je gehört habe!"

„Bitte, bitte, Frau Hummel", bettelte
Naila. „Das wäre so super. Ich
würde gerne an der Mumie
mitbasteln. Maries Mama
hat bestimmt ganz viele
Bandagen, die man für die
Mumie nehmen kann." Sie drehte sich zu
Sebastian um. „Du hast für die
Bücherausstellung doch so einen kleinen
Brontosaurier gebaut. Kannst du den
auch in größer?"
Plötzlich begannen erst Sven und
Jan und dann alle Kinder, auf
ihren Tischen zu trommeln.
„Klas-sen-fahrt, Klas-sen-fahrt.
Wir spielen Klas-sen-fahrt.
Hier in der Schu-le."
Naila sprang auf und
drehte vor Übermut ein
Rad quer durch die

Klasse. „Jawoll. Hier in der Schule", rief sie.
„Ich male Schmetterlinge und andere Tiere, die
es im Museum gibt. Auf alte Tapetenrollen, wir
haben noch voll viele im Keller." Sie nieste in
ihren Ärmel.

„Ich will eine Schnitzeljagd", sagte Sebastian.
„Auf den Einbahnstraßen verstecken wir
geheime Schätze mit Fragen, die mit dem
Naturkundemuseum zu tun haben."

Obwohl nur zehn Kinder im Klassenzimmer
waren, wurde es richtig laut. Jeder versuchte,
den anderen mit einer noch besseren Idee zu
übertrumpfen.

„Ruhe! Sofort Ruhe!", rief Frau Hummel, aber
keiner hörte auf sie. Schließlich holte sie die
Trillerpfeife heraus, die sie im Sportunterricht
verwendete, und blies hinein.

Die Kinder verstummten und schauten
verblüfft nach vorne.

„Sagt mal, Kinder, dreht ihr jetzt völlig durch?",

fragte Frau Hummel. „Eure Klassenfahrt-Ersatz-Idee muss ich mir erst mal durch den Kopf gehen lassen und mit den Lehrerinnen und Herrn Habermas besprechen. Und wenn wir finden, dass wir das Risiko eingehen können, müssen eure Eltern damit einverstanden sein. Und eigentlich sind wir hier, um Lernstoff aufzuholen. Nehmt bitte das Sachkunde-Heft aus den Taschen. Wir waren bei den Waldtieren."

Konrad zeigte auf. „Ich weiß, dass Fledermäuse das Virus verbreitet haben."

Frau Hummel hob den Finger. „Mit solchen Informationen muss man sehr vorsichtig sein. Forscher sind sich noch nicht sicher, wo das Virus genau hergekommen ist. Wir dürfen niemanden zum Sündenbock machen, sondern müssen ganz genau hingucken und nachfragen."

Pläneschmieden macht Spaß

Noch am selben Abend rief Frau Hummel alle
Eltern zum Video-Elternabend zusammen.
Sebastian beobachtete seine Mutter durch
einen Türspalt. Sie saß vor ihrem Laptop und
hörte Frau Hummel zu. Wie wir in der Schule,
dachte Sebastian und musste sich ein Kichern
verkneifen.
Frau Hummel berichtete von den Ideen seiner

Klasse, und obwohl sie heute im Unterricht noch etwas streng gewesen war, hörte sie sich jetzt richtig stolz an. „Es wäre natürlich keine normale Klassenfahrt, aber die Kinder haben vor Einfällen gesprüht und ich glaube, dass diese Aktion sehr gut für die Klasse wäre." Sebastian wollte schon jubelnd in den Raum laufen, als seine Mutter sich räusperte. „Also, mir gefällt die Idee nicht so gut. Die Ansteckungsgefahr ist bei solchen Spielen ja viel größer. Vielleicht sollte Sebastian doch wieder ins Homeschooling zurückkommen." Sebastian spürte, wie ihm vor Wut knallheiß wurde.

„Du bist voll unentspannt", schrie er. Er stürmte ins Zimmer und klappte wütend den Laptop zu. „Ich wünschte, ich könnte bei Papa wohnen. Der behandelt mich nicht wie ein Kleinkind. Nichts, was Spaß macht, erlaubst du mir."

Er verzog sich in sein Zimmer und schloss die Tür ab, obwohl seine Mutter ihm das verboten hatte. Zum Geburtstag hatte er ein Handy mit einem riesigen Display geschenkt bekommen, auf das war sogar Konrad neidisch. Er versuchte, seinen Vater anzurufen, aber leider sprang immer nur die Mailbox an.

„Hallo, Papa", hinterließ er ihm schließlich eine Nachricht. „Melde dich doch. Mama stresst total. Ich vermiss dich doll. Wann kann ich denn wieder zu dir kommen? Konrad sagt, Ägypten klappt nicht in diesem Sommer wegen Corona. Glaub ich ihm aber nicht. Hast du schon gebucht? Tschüss, Sebastian."

Nachdem er aufgelegt hatte, weinte er heftig, bevor er mit dem Handy in der Hand einschlief.

Laszlos Vater nahm die Idee mit der gespielten Klassenfahrt deutlich entspannter auf. „Junge, das ist ja mal eine gute Idee. Ist die auf deinem Mist gewachsen?"

Laszlo grinste und war stolz, dass ihm sein Vater so etwas zutraute. Aber schwindeln wollte er doch nicht. „Na ja, zuerst Marie. Und dann wir alle. Kannst du uns beim Bauen helfen?"

Sein Vater nickte. „Klar. Wir können eine Videokonferenz ins Klassenzimmer streamen und ich erkläre euch, wie man einfache Tierattrappen baut."

Laszlo klatschte in die Hände. „Cool, Papa. Brauchst du die Sperrholzkisten im Abstellraum noch? Die könnten wir zersägen und bunt anstreichen."

Sein Vater drehte den Daumen hoch. „Gebongt."

Laszlo fand seinen Papa zwar oft streng, aber in diesem Moment war er einfach nur klasse! Auch die anderen Eltern waren mit einem Klassenausflug in der Schule einverstanden.

Nur Herr Klopf, der Hausmeister und Vater von Konrad, murrte herum. „Das gibt einen Haufen Extraarbeit und Dreck", beschwerte er sich bei Herrn Direktor Habermas. „Wir sind ja nicht im Spieleland. Dann muss mein Sohn mir aber hinterher beim Aufräumen helfen."
Darüber war Konrad natürlich nicht begeistert, aber er wollte auch keine Spaßbremse sein.

Maries Eltern erzählten ihr nach dem Gespräch, dass Nailas Eltern nicht dabei gewesen waren. Nailas Opa ging es gar nicht gut. Er fühlte sich seit dem Morgen schlapp, hatte Husten und Fieber. Heuschnupfen wie bei Naila konnte das nicht sein. Hoffentlich nichts Schlimmeres.
Als Marie am Abend mit Naila telefonieren wollte, um mit ihr die Pläne für das Klassenfahrt-Spiel weiterzuspinnen, war ein Arzt bei Nailas Familie und Naila durfte

nicht ans Telefon kommen. Was war denn
da los?

Marie machte sich große Sorgen und konnte
nicht einschlafen. Mitten in der Nacht kramte
sie ihre Malsachen hervor und begann, Tiere zu
zeichnen, die es im Naturkundemuseum gab.
Als Erstes entwarf sie einen riesigen bunten
Schmetterling. Das waren die Lieblingstiere
von Naila. Den wollte sie am nächsten Tag
ihrer besten Freundin schenken. So ein
Schmetterlingsgeschenk war ja auch eine Art
Umarmung und gar nicht ansteckend.

Als ihr Vater morgens ins Zimmer kam, um sie
zu wecken, war Marie über einem Faultier
eingeschlafen.

„Donnerwetter", lobte ihr Vater sie. „Das sieht
ja ganz schön echt aus."

Er meckerte nicht, dass sie nachts gemalt hatte,
und sogar ihre Schwester Sammy bewunderte
ihre Zeichnungen.

Nur Nils heulte mal wieder, weil er das Faultier gerne behalten wollte. Erst als Marie ihm versprach, eines extra nur für ihn zu zeichnen, gab er Ruhe.

An diesem Morgen achteten alle Kinder darauf, Frau Hummel nicht zu verärgern. Schließlich wollten sie ihren Plan nicht gefährden. Marie wartete vor dem Schultor auf Naila, aber ihre Freundin tauchte nicht auf. Als es klingelte, lief sie alleine in die Schule.

„Na, endlich", rief Frau Hummel nervös, als Marie ins Klassenzimmer stürmte.

„In diesen Zeiten wollen wir doch nicht trödeln."

Marie warf einen schnellen Blick über die Köpfe ihrer Mitschüler.

Naila war nicht da. „Ich hab auf Naila gewartet", entschuldigte sie sich.

Frau Hummel antwortete nicht. Stattdessen verband sie per Fernbedienung ihren Laptop mit dem Beamer an der Decke und einer Kamera, die Frau Sonnenberg auf den Tisch im Mittelgang der Klasse stellte. Dann schaltete sie die Geräte ein.

„Gucken wir endlich einen Film?", freute sich Konrad.

Frau Hummel loggte sich bei PÄNG ein und plötzlich erschien Naila auf dem Bildschirm. Marie schrie überrascht auf.

„Hey, Leute!", rief Naila und winkte in die Kamera. „Voll der Bockmist, ich muss zu Hause bleiben." Sie nieste dreimal hintereinander und schnaubte laut. „Opa ist krank, er hat dieses Corona-Dings. Wir sind gestern alle auf das Virus getestet worden, mit so einem Stäbchen im Hals, wie damals, als ich die fiese

Mandelentzündung hatte. Dann hat eine Ärztin mitten in der Nacht bei uns angerufen. Zum Glück hat sich niemand bei meinem Opa angesteckt. Also hab ich euch auch nicht angesteckt und ihr könnt weiter zur Schule gehen. Ich niese wirklich nur wegen der doofen Pollen und dem Heuschnupfen. Aber ich selber darf nicht mehr in die Schule …"
Und dann fing sie plötzlich total an zu weinen. „Das ist so gemein", schluchzte sie. „Meine Familie und ich sollen in Quarantäne bleiben, zur Sicherheit. Jetzt kann ich nicht bei der Fantasie-Klassenfahrt dabei sein und muss wieder das superlangweilige Homeschooling machen."
Marie sprang auf. „Aber wenn du das Virus nicht hast, kannst du doch auch in die Schule. Ich kapier's nicht", sprach sie in die Kamera. Auch ihr purzelten die Tränen wie ein Wasserfall über die Wangen. „Dieses Corona ist

so doof und hinterhältig!" Sie schlug mit der Faust auf ihren Tisch. „Dann mag ich auch nicht mehr mitmachen." Sie nahm das Faultierbild und zerfetzte es.

„Halt, Marie!", rief Frau Hummel erschrocken. „Du willst uns doch jetzt nicht im Stich lassen! Ich habe eine Idee."

Sie wandte sich an Naila. „Naila, du kannst dich jeden Tag mit PÄNG zu uns dazuschalten und uns gute Tipps geben, wie wir unsere Tiere basteln können. Und du sagst Marie, was sie für dich zeichnen soll. Ich schaue mal, ob ich ein extragroßes Handy auftreibe, dann könntest du sogar bei der Schnitzeljagd dabei sein. Was meinst du?"

Naila trocknete ihre Tränen und schnäuzte sich. „Gute Idee. Ich hab Lust."

Sebastian holte sein Handy aus der Tasche und hielt es in die Kamera. „Guck mal, Naila. Du kannst mein Handy ausleihen."

Naila klatschte in die Hände und lächelte
Sebastian an. „Sehr cool!", rief sie. „So machen
wir es."

Marie kramte das Schmetterlingsbild hervor.
„Schau, Naila. Das habe ich heute Nacht für
dich gemalt."

Naila strahlte schon wieder. „Ist das schön. Der
sieht aus, als wäre er aus dem
Naturkundemuseum ausgebüxt. Ich glaube,
das ist ein Schwalbenschwanz. Danke, Süße,
sieht super aus."

Frau Hummel atmete erleichtert aus. „Dann ist
ja so weit alles wieder im Lot."

Wir basteln einen Ausflug

Marie war sehr traurig, dass Naila nicht mehr
zur Schule kommen konnte. Aber zum ersten
Mal fand sie Sebastian nett. Dass er Naila sein
Handy angeboten hatte, war echt cool von ihm.
Und so machte sie sich voller Schwung an die
Arbeit. „So eine Klassenfahrt basteln ist eben
anders als normaler Unterricht. Aber Corona-
Schule ist ja auch anders. Deshalb ist unser

Unterricht jetzt anders", sagte sie naseweis zu Sebastian.

Frau Sonnenberg und Frau Müller hatten die Tische an die Wand gestellt und stattdessen Kreise auf den Boden gezeichnet. Darin saßen die Schüler und Schülerinnen, während sie malten.

Marie kniete vor einer Tapetenrolle, die Herr Direktor Habermas von zu Hause mitgebracht hatte, und pinselte eine ganze Horde urzeitlicher Vögel.

Sebastian hatte sein Handy auf einen extra langen Selfie-Stick geschraubt.

Mit PÄNG konnte Naila bei den Malaktionen dabei sein.

„Ein bisschen näher ran", kommandierte sie aus dem Handy. „Zu den Dinosaurier-Vögeln. Marie, die Flügel müssen noch breiter."

Sebastian nickte. „Naila hat recht. Die hatten einen schmalen Körperbau, aber dafür ewig breite Flügel, damit sie ganz hoch hinauf in die Bäume kommen konnten."

Marie stöhnte laut. „Oh, Mann, Leute. Dann macht es doch selber. Ich bin die ganze Zeit nur am Verbessern und Überpinseln." Sie kratzte sich mit dem Pinselende am Kopf.

„Ich glaube, wir lassen Marie mal einen Moment in Ruhe", sagte Sebastian zu Naila ins Handy.

„Okay", rief Naila. „Ich muss sowieso aufs Klo, das geht bei uns zu Hause ganz ohne Mundschutz." Sie verschwand kichernd aus dem Bild.

Sebastian holte ein schwarzes Opernglas aus seinem Schulrucksack. Es hatte dieselbe Funktion wie

ein Fernglas, war nur kleiner. Nun guckte er durch das Glas hinüber zu Laszlo. Der zeichnete etwas mit Bleistift auf ein Blatt Papier. „Hey, Laszlo. Was machst du da? Rück mal zur Seite, damit ich gucken kann." Laszlo drehte sich um und fing an zu lachen. „Alter, du hast echt die verrücktesten Ideen."

Konrad lachte mit. „Voll cool, dein Fernglas. Musst du mir mal borgen."

Sebastian guckte angestrengt durch sein Opernglas auf Laszlos Zeichnung. „Respekt", sagte er. „Dein Dino-Entwurf ist sauber."

Laszlo nickte. „Mein Vater hat ihn mir gestern skizziert. Als er studiert hat, musste er oft solche Zeichnungen machen. Ich finde es toll, er hat

ja sonst wenig Zeit für mich, aber das macht
ihm Spaß."

Frau Hummel mischte sich ein. „Frau Müller
hat vorhin Sperrholzkisten bei Laszlos Vater
abgeholt. Ich habe die Laubsägen aus dem
Werkraum besorgt und Holzleim. Nach Laszlos
Entwurf können wir einen kleinen Dino
basteln und zur Schnitzeljagd auf unserer
Einbahn aufstellen. Luan, Mia, wollt ihr euch
darum kümmern?"

Konrad drehte den Daumen nach oben. „Gar
nicht so uncool, das Corona. Normalerweise
hätten wir jetzt schon wieder Mathe."

Frau Hummel lachte. „Na, mit Mathe hat das
auch was zu tun. Wir müssen messen und
Abstände berechnen, Länge und Breite richtig
machen. Ist alles Mathematik."

Konrad zuckte mit den Achseln. „Kann ja sein.
Dino-Mathe finde ich super. Frau Hummel, auf
dem Dachboden liegt auch noch alter Krempel

und eine Kiste mit Stoffresten. Die könnten wir doch benutzen."

Frau Hummel überlegte. „Dann müssten wir deinen Vater bitten, uns den Dachboden aufzusperren."

Konrad grinste. „Kein Problem!" Er klimperte mit einem Schlüsselbund.

Frau Hummel runzelte die Stirn. „Hmm. Darfst du das überhaupt?"

Konrad nickte unschuldig. „Klar, ich mache da oben immer sauber. So verdiene ich mir Taschengeld dazu."

Frau Hummel gab sich einen Ruck. „Einverstanden. Wer ist gerade nicht so beschäftigt?" Sie schaute sich um.

Sebastian sprang auf. „Ich komme gerne mit. Dann sieht Naila auch, wie es auf dem Dachboden aussieht, und sie kann uns bei den Stoffen beraten."

Konrad grinste. „Wenigstens kann uns die alte

Schniefnase nicht durch das Telefon anstecken."

Es schallte aus dem Handy. „Hey, Klopfer, du Spinner. Das hab ich gehört." Sebastian musste lachen. Frau Hummel hob die Hand. „Was dürfen wir nicht vergessen?"

„Mundschutz!", riefen Sebastian und Konrad gleichzeitig. Konrad hatte Frau Hummels Anordnung befolgt und einen normalen weißen Mundschutz dabei. „Ich wette, der wird auf dem Dachboden superdreckig, dann regen sich meine Eltern sicher auf."

Sebastian und Konrad gingen mit Frau Sonnenberg aus der Klasse. „Der Mundschutz muss sowieso oft gewaschen werden. Keine Panik", sagte sie.

Auf den Dachboden zu kommen, dauerte

doppelt so lange wie sonst. Die Kinder durften ja nur ihre Einbahnstraßen benutzen und mussten darauf achten, dass ihnen niemand entgegenkam. Doch plötzlich schoss Direktor Habermas mit einer Handvoll Schülern um die Ecke.

„Gegenverkehr!", rief der Direktor. „Alles stehen bleiben."

Frau Sonnenberg und Herr Habermas standen sich etwas ratlos gegenüber.

„Am besten, wir stellen Ampeln auf", schlug Konrad vor.

Sebastian schüttelte den Kopf. „Wir sollen doch nicht aneinander vorbeilaufen."

„Auch wieder wahr." Konrad grinste unverschämt. „Tja, Herr Habermas, scheint so, als müssten Sie uns Platz machen!"

Der Direktor sah aus, als wollte er widersprechen, doch Frau Sonnenberg konnte sich das Grinsen kaum verkneifen.

Herr Habermas zog die Augenbrauen hoch, aber im nächsten Moment rief er: „Meine Gruppe im Gänsemarsch zurück und Abstand halten."

„Vielen Dank, Herr Direktor", rief Sebastian in den leeren Flur und fühlte sich frech.

Sie liefen ohne weiteren Zusammenstoß auf ihrer Einbahn weiter.

Auf dem Dachboden war es warm und staubig. Ein paar Sonnenstrahlen fielen durch die trüben Dachfenster und beleuchteten die herumstehenden Kisten und die alten Schulmöbel. Sogar ein Pult mit Tintenfass stand noch da.

Sebastian schaltete die Taschenlampe an seinem Handy an, damit Naila und er besser

sehen konnten. Er schob den Handystick auf einen Schrank. „Guck nach, was da oben ist."

Naila rief: „Ihh, eine dicke fette Spinne."

Sebastian und Konrad kicherten beide und zwinkerten sich zu.

„'tschuldigung", rief Sebastian und war insgeheim ganz froh, dass er nichts vom Schrank runterholen musste.

Konrad öffnete eine schwere Holztruhe.

„Hier drin sind die alten Stoffe."

Frau Sonnenberg guckte neugierig hinein.

„Die sind aber schön, knallbunt!", sagte sie.

Naila meldete sich aus dem Handy. „Hey, ich will auch gucken."

Sebastian steckte das Handy kopfüber in die Stoffballen.

„Wow, schön", hörte man dumpf Nailas
Stimme. Sie nieste schon wieder.

Konrad musste lachen. „Durch das Handy kann
es aber nicht stauben." Er hob ein paar
Stoffballen aus der Kiste und klemmte sie sich
unter den Arm. Sebastian tat es ihm gleich.

„Hier könnte man noch stundenlang
herumschnüffeln", sagte er sehnsüchtig.

Konrad nickte. „Was glaubst du, was ich in den
Corona-Ferien gemacht habe? Ich kenn die
Schule in- und auswendig. Besonders an den
Stellen, wo mein Vater nicht so gerne ist. Im
Keller ist es auch sehr gruselig. König der
Schule zu sein, ist manchmal ziemlich lustig."

Die anderen Kinder staunten über die Schätze, die Konrad und Sebastian anschleppten.

„Und was habt ihr damit vor?", fragte Frau Müller.

„*Ich* hab was vor", betonte Konrad. „Wir haben doch diese Holzkugeln im Werkraum und jede Menge Basteldraht. Ich möchte damit noch mehr Fantasie-Vögel basteln, die so aussehen wie wilde Urzeitvögel. Die Vögel früher hatten ja noch viel struppigeres und farbigeres Gefieder und wenn ich die Stoffe in Streifen schneide und an den Drähten und der Kugel befestige, sieht das bestimmt cool aus."

Frau Hummel lächelte Konrad an. „Tolle Idee, Konrad. Ich erkenne dich ja kaum wieder. Das wird klasse, ich kann es mir sehr gut vorstellen."

Laila pfiff aus dem Handy. „Ich mach aber bei dir mit, Konrad."

Auf zur Schnitzeljagd

Noch einen ganzen weiteren Schultag malte, bastelte und zeichnete die halbe Klasse an ihrer Fantasie-Klassenfahrt. Die Schnitzeljagd sollte ja schon Freitag stattfinden, bevor die zweite Hälfte der Klasse mit Schule dran war und für die anderen Kinder wieder eine Woche Homeschooling angesagt war.

Am Donnerstag waren fast alle Tiere fertig –

besonders die drei Dinos aus den Sperrholzplatten sahen furchterregend aus. Naila, die über PÄNG immer dabei war, schlug vor, die Einbahnstraßen mit den Vögeln und Schmetterlingen zu schmücken. Meterlang hatten die Kinder farbenfrohe Flattertiere auf die Tapeten gemalt. Also rollten sie die kunstvollen Tapeten auf dem Fußboden aus und befestigten sie mit Kreppband.

„Wartet mal!", rief Konrad. „Ich hab noch eine Idee!" Im Fernsehen hatte er gesehen, dass chinesische Schüler Hüte mit sehr lustigen Abstandshaltern trugen. Das sah aus, als würden ihnen Besenstiele links und rechts aus dem Kopf ragen. So etwas konnte man sicher auch aus den Federn von Staubwedeln basteln.

„Konrad", strahlte Marie. „Du coole Socke. Das machen wir."

Herr Klopf kaufte zehn knallbunte Staubwedel, die spendete er der Klasse. Jetzt mussten die

Kinder die Staubwedelfedern noch an Pappstreifen montieren. Das sah nicht nur lustig aus, es funktionierte auch ausgezeichnet. Jedes Mal, wenn man sich versehentlich zu nahe kam, wurde man durch die kitzelnden Federn daran erinnert, wieder ordentlich Abstand zu halten.

Herr Direktor Habermas machte ein tolles Gruppenfoto der Klasse mit den Abstands-halterhüten und schickte es stolz an die Tageszeitung.

Aber am stolzesten war Konrad selber – als Herr der Schule hatte man eben immer noch einen coolen Geistesblitz.

In der letzten Stunde am Donnerstag redeten

alle durcheinander. Die Kinder freuten sich
tierisch auf den nächsten Tag. Nur Sebastian
war seltsam ruhig. Obwohl er wie verrückt
gebastelt, geplant und gebaut hatte, war er
plötzlich ganz traurig.

Wie gerne würde er seinem Vater zeigen, was
sie für tolle Sachen für ihre Fantasie-
Klassenfahrt gebaut hatten. Doch sein Vater
wusste ja nicht einmal, dass die Klassenfahrt
ausfiel, und auch sonst hatte er keinen blassen
Schimmer, wie sich Sebastian mit dem Corona-
Unterricht fühlte. Er hätte ihm gerne erzählt,
dass Naila zu Hause sein musste und nur an
der Klassenfahrt teilnehmen konnte, weil
Sebastian das tolle Handy hatte. Und er wollte
seinem Vater gerne sagen, dass er jetzt lieber
zur Schule ging als vor Corona, dass seine
Mutter ganz schön viel Arbeit hatte und er
seinen Papa so schrecklich vermisste.

Gerade rief Laszlo: „Frau Hummel, meine

Schwester hatte noch eine ganz tolle Idee. Wir könnten ekeliges Essen mitnehmen, wenn wir abends auf dem Bolzplatz übernachten, zum Beispiel labbrigen Erbseneintopf und Hagebuttentee. Das Essen in den Jugend- herbergen schmeckt doch immer grauenhaft. Dann fühlen wir uns wirklich so, als würden wir in einer Jugendherberge übernachten. Das wäre dann richtig echt, wie eben auf Klassenfahrt."

Frau Hummel sah Laszlo für einen Moment verblüfft an und brach dann in schallendes Gelächter aus. Frau Sonnenberg und Frau Müller stimmten mit ein und schließlich lachten alle außer Sebastian. Der war einfach zu traurig.

„Das ist die beste Idee, die ich je gehört habe",
rief Frau Hummel und tupfte sich die Tränen
trocken. „Liebe Grüße an deine Schwester. Sie
ist einfach genial." Dann wurde sie ernst. „Aber
leider muss das Übernachten ausfallen. Zu
riskant und es soll morgen auch noch regnen
und gewittern. Es tut mir leid, Kinder, aber
hier muss ich einfach Nein sagen."

„Aber Frau Hummel …!", rief Konrad.

„Wir sind doch nicht aus Zucker!", empörte
sich Feliza.

„Das ist ungerecht!", motzte Laszlo.

Da rief es plötzlich aus Sebastians Handy
heraus: „Leute, ich hab eine Idee!"

Alle Kinder guckten zu Naila.

„Na ja, ich bin ja eh schon zu Hause. Wie wäre
es also, wenn wir Zelte in unseren Zimmern
aufbauen? Dann würden wir uns abends alle
über PÄNG verbinden und zusammen ekeliges
Essen mampfen und uns Gruselgeschichten

erzählen. Das ist dann FAST wie auf einer Klassenfahrt!"

Die Idee war zwar nicht so cool wie draußen zelten, aber besser als gar nichts. Frau Hummel versprach, noch am selben Abend die Zu-Hause-allein-Zeltnacht mit den Eltern abzusprechen. „Ich werde ihnen vorschlagen, dass sie euch besonders schlimmes Essen dafür kochen", kicherte sie.

Nach der letzten Stunde verschwand Sebastian wortlos. Gerade als er sein Handy ausschalten wollte, piepte es.

PAPA. 1 neue Nachricht.

Plastikdinos und Regenschauer

Sebastians Herz schlug heftig, als er die
Nachricht seines Vaters öffnete.

Hey, kleiner Mann, alles klar bei dir?
Faulenzen im Lockdown? Da kommt diese
Überraschung wohl gerade recht:
Du wirst großer Bruder und ich wieder Papa.
Ist das nicht super?

**Halt die Ohren steif. Wir sprechen uns bald.
Dein Papa**

Sebastian blieb wie angewurzelt stehen. Das
war sicher nur ein böser Traum. Erst meldete
sich sein Vater gar nicht und dann schrieb er so
was? Sebastian wurde schwindlig und er
bekam kaum noch Luft. Jetzt war er
endgültig abgemeldet, da war er sich sicher!
Er atmete schwer und lehnte sich an einen
Gartenzaun.
Ich muss zu Papa, dachte er und schleppte sich
nach Hause.
Ich muss zu Papa, dachte er, als er mit seiner
Mutter zu Mittag aß.
„Du bist heute aber sehr schweigsam. Frau
Hummel hat angerufen, schon wieder mit so
einer Schnapsidee. Aber wenn es euch Freude
macht, dann will ich nicht die Spaßbremse sein
bei eurer Single-Gruselparty."

Ich muss zu Papa, dachte Sebastian, als er endlich im Bett lag.

Am nächsten Morgen plünderte Sebastian sein Sparschwein und fuhr mit dem Bus zum Bahnhof.

Er kaufte sich eine Fahrkarte am Fahrkartenautomaten und ging zum Bahnsteig. Den Frühzug hatte er gerade verpasst, der nächste fuhr erst in einer Stunde. Sebastian setzte sich auf eine Bank und schaute den davonfahrenden Zügen zu.

Da klingelte sein Handy. Es war eine Nachricht von Naila.

Hey, verschlafen? Bist du noch gar nicht in der Klasse?

Sebastian erschrak. Naila hatte er ganz vergessen. In den letzten Tagen hatte sie ja über sein Handy überall mitgemacht.

Sorry. Fahre nach Hamburg zu meinem Vater. Schnitzeljagd fällt für mich aus.

Es gab eine kurze Pause, dann rief Naila an. Sebastian ging dran.

„Du kannst nicht abhauen, Sebastian", rief Naila aufgeregt und nieste. „Und uns mit der Schnitzeljagd sitzen lassen. Wetten, dein Vater rastet aus, wenn du einfach auftauchst? Wetten, deine Mutter ruft die Polizei, die ist doch immer so unentspannt. Und wetten, du darfst dann nicht in die Klasse zurück? Was machen wir denn ohne dich? Glaub mir, zu Hause ist es viel langweiliger!"

Naila holte Luft: „Se-bas-ti-an!!! Geh-in-die-Schu-le!"

Sebastian war aufgestanden und nervös hin und her gelaufen. Nun blieb er vor einem Mülleimer stehen und starrte darauf.

„Mir doch egal", schniefte er fast so doll wie Naila. Er entdeckte eine Kiste mit verschieden großen Plastikdinosauriern. Unfassbar, was die Leute alles wegwarfen. Diese Dinos würden supergut auf die Einbahnstraße der Schnitzeljagd passen. Sie wären praktisch das i-Tüpfelchen.

„Sebastian", rief Naila. „Bleib hier. Wir sind deine Freunde, für uns bist du wichtig. Du hast

so supertolle Ideen, wir brauchen dich, damit wir diesen Corona-Mist packen. Los. Ab in die Schule."
Sebastian starrte auf die Dinos. Naila hatte recht. Er konnte sie nicht im Stich lassen. Gerade fing es an zu regnen.
„Naila, ich ruf dich in der Schule

wieder an!", rief Sebastian in sein Handy und legte auf. Er öffnete seinen Rucksack und verstaute die Dinos darin. Sein Frühstück passte nicht mehr hinein, das ließ er auf der Straße stehen. Mittlerweile regnete es richtig heftig. Als Sebastian in der Schule ankam, war er pitschnass.

Jetzt war es wirklich gut, dass Konrad in der Schule wohnte. Frau Hummel schickte ihn nach trockener Kleidung für Sebastian, damit der sich nicht auf den letzten Drücker einen Schnupfen holte.

„Alter, jetzt siehst du mal richtig cool aus. Noch das Batman-Tuch um und wir könnten Brüder sein", witzelte Konrad.

Sebastian packte stolz seinen Dino-Schatz aus und Frau Müller verteilte die Plastiktiere auf der Einbahnstraße.

Hüte mit den Abstandshaltern auf – und dann ging es los.

Klassenfahrt ganz anders

Sie teilten sich in Gruppen auf und immer zwei
Kinder und eine Lehrerin machten sich
zusammen auf den Weg. Zur Überraschung der
Kinder führte die Schnitzeljagd nicht nur die
Treppen hinauf, wo sie ihre bunten Vögel und
Insekten ausgelegt hatten. Nein, sie führte auch
hinunter in den Keller. Das war die Idee von
Hausmeister Klopf gewesen, der bei der

Schnitzeljagd plötzlich mit Feuereifer dabei war.

Konrad kicherte leise, denn er hatte seinem Vater dabei geholfen, die Schnitzeljagd hier unten aufzubauen. Und er hatte ein wenig für Grusel gesorgt! Er hatte den alten Biologieraum geplündert und im dunklen Keller ein klappriges Skelett, Knochen und einen echten Schädel versteckt.

Frau Müller schrie wie am Spieß, als etwas Weiches, das sich anfühlte wie ein Spinnennetz, ihren Hals berührte und dann gar noch eine echte Maus über ihren Fuß rannte. Das war aber nicht das Werk von Konrad – ein Keller ist manchmal eben einfach gruselig. Nachdem der Keller für ziemlich viel Herzklopfen gesorgt hatte und die Kinder vor Spinnen und Spitzmäusen

um Hilfe schrien, sah
es auf dem Weg nach oben viel
schöner aus. Eine wahre Farbenpracht
waren die Stoffvögel, die Konrad
zusammen mit Naila – sie übers
Handy – gebastelt hatte.
Auf einmal kamen sich alle vor wie im
Dschungel, selbst die Vogel- und Tier-
geräusche passten dazu. Auf ihrem Weg
fanden die Kinder Knöchelchen,
Muscheln und mussten Rätsel
lösen. Hier hatten sich die
Lehrerinnen richtig ins Zeug gelegt.
Überall verteilt fanden sie außerdem kleine
Kästchen und in jedem lag ein Buchstabe.
Erst als alle wieder in der Klasse waren,
versuchten sie, die Buchstaben in die
richtige Reihenfolge zu bringen.
Naila löste das Rätsel schließlich: **Wir sind
auch mit Abstand**

Sven begann, übers ganze Gesicht zu strahlen,
Mia klatschte laut und Marie steckte mit ihrem
Kichern alle anderen an. Bald hielt sich die
ganze Klasse die Bäuche vor Lachen.

Die Schnitzeljagd hatte länger gedauert als
ein Unterrichtsvormittag. Frau Hummel und
Frau Sonnenberg hatten damit gerechnet und
es gab für jedes Kind ein großes Stück
Gemüsekuchen nach einem Rezept, das ein
Bäcker vor tausend Jahren aufgeschrieben
hatte. Ganz nach Vorschrift einzeln verpackt.
Und Zitronenlimonade dazu. Das war ein
Fest.
Jetzt mussten nur noch alle schnell nach Hause
sausen und die Zelte in ihren Zimmern
aufbauen.
Frau Hummel hatte ganze Arbeit geleistet. Alle

Eltern hatten ein vorbildliches Herbergsessen für ihre Kinder vorbereitet. Maries Vater musste sich da nicht so sehr anstrengen, denn seine Kochkünste waren ohnehin eher bescheiden. Aber aufgeplatzte Wiener Würstchen waren wirklich nicht ihr Lieblingsessen, schließlich war sie Vegetarierin.

Für Laszlo gab es Grießbrei und er freute sich schon, aber als er die dicken Klümpchen auf der Zunge spürte, verging ihm der Appetit.

Naila machte sich keine Sorgen. Ihre Gemüsesuppe roch richtig gut. Aber wie war es möglich, dass die Gemüsesuppe süß war? Da hatte ihre Mutter den Zucker wohl mit dem Salzfass verwechselt.

Auf den Stullen, die Konrad fürs Zelten bekam, war fingerdick Harzer Käse drauf. Voll ekelig. Und auch Sebastian ließ die Pfannkuchen mit Senfmarmelade lieber stehen.

Dann schalteten sie PÄNG ein. Nach und nach

erschienen alle Kinder in den kleinen Rechtecken auf dem Bildschirm. Im Hintergrund konnte man die Zelte erkennen. Sah richtig gemütlich aus!

Die Kinder quatschten aufgeregt über die Schnitzeljagd und übertrumpften sich in der Beschreibung ihres miesen Abendessens.

„Ich glaube nicht, dass es in Wirklichkeit so schlecht geschmeckt hätte", klagte Marie. „Ich hab zum Glück ein Geheimversteck." Sie zeigte stolz ihren Gummibären-Vorrat her.

Und so wurde es langsam dunkel und alle vergaßen ihre knurrenden Mägen, denn als Nächstes las jeder reihum seine Lieblings-Gruselgeschichte vor.

„Gemeinsam wäre es nicht so gruselig", flüsterte Naila. Und damit sprach sie aus, was die anderen dachten.

„Ich mag nicht, wenn es dunkel in meinem Zimmer ist", gab Laszlo zu.

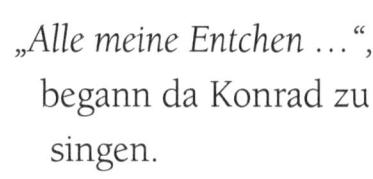

„Alle meine Entchen …", begann da Konrad zu singen.

Sebastian guckte verblüfft und Laszlo riss die Augen auf.

„… pupsen in den See", reimte Konrad weiter und grinste übers ganze Gesicht.

Marie und Sebastian lachten los.

„Köpfchen in das Wasser …", sangen sie dann mit.

„Hier stinkt es, oh weehhhh", beendete Laszlo die Strophe.

Naila kicherte. „Jetzt wird es doch noch lustig", quietschte sie.

Im nächsten Moment erhellte ein greller Blitz den Himmel, eine Sekunde später krachte es ohrenbetäubend laut. Und plötzlich war es in allen Kinderzimmern stockdunkel. Alle Lampen waren aus, nur noch die Bildschirme flimmerten.

123

Die Kinder kreischten auf und es blitzte und donnerte noch ein paarmal ordentlich, bevor es einen richtigen Wasserfall vom Himmel regnete. Da gingen mit einem Schlag alle Lichter wieder an – und na so was! Die Kinder waren ja gar nicht mehr allein in ihren Zelten.

Naila saß kuschelnd mit ihren Eltern in ihrem Zelt. Herr Klopf mampfte vergnügt Konrads Harzer Käse, Marie teilte sich einen Berg vegetarischer Würstchen mit ihren Geschwistern, Laszlo verschlang gerade dampfenden Vanillepudding mit Himbeeren mit Darinka und selbst sein Vater schien es im Zelt gemütlich zu finden.

Aber auch bei Sebastian tat sich Geheimnisvolles. Gruselig sah das auf dem Bildschirm aus, fand Naila. Eine Gestalt schlich sich vorsichtig näher und erst als sie ganz nah an der Kamera war, sah man, was sie in der Hand hielt: Eine riesige Portion Eiscreme!

Im nächsten Moment hörte man einen lauten Schrei von Sebastian. „Papa!"
Ein Gesicht mit einem Batman-Mundschutz wurde in der Kamera sichtbar. „Hallo, Sohnemann. Ich musste doch unbedingt mal nach dir sehen. Hunger auf ein kleines Eis?"
Naila grinste.
Alles super bei den Lindgren-Kindern.

Usch Luhn, geboren in Österreich, arbeitete nach dem Studium beim Kinderfernsehen und beim Radio. Heute unterrichtet sie Dramaturgie an einer Filmschule, schreibt Drehbücher und sehr erfolgreiche Kinderbücher. Sie lebt abwechselnd in Berlin und am Wattenmeer.

Franziska Harvey wurde 1968 in Frankfurt am Main geboren. Sie studierte Illustration und Kalligrafie und arbeitet heute als freiberufliche Illustratorin für verschiedene Verlage und Agenturen.

Weitere Bücher von Usch Luhn
gibt es überall im Buchhandel
und unter www.carlsen.de

Da es sich bei COVID-19 um eine neue und noch nicht erforschte
Krankheit handelt, unterliegen die wissenschaftlichen Erkenntnisse
und daraus resultierenden Verhaltensregeln derzeit noch
ständigen Änderungen. Dementsprechend kann der vorliegende
Text von begrenzter Gültigkeit sein und es gibt keinen Anspruch
auf Haftung.

© Carlsen Verlag GmbH, Hamburg 2020
Umschlag und Innenillustrationen: Franziska Harvey
Umschlaggrafik: Sabine Reddig
Lektorat: Anna Herberhold
Satz: Pinkuin Satz und Datentechnik, Berlin
Herstellung: Rafaela Nimmesgern
Lithografie: Margit Dittes Media, Hamburg
978-3-551-65036-8